BEI GRIN MACHT SICH IHR WISSEN BEZAHLT

- Wir veröffentlichen Ihre Hausarbeit,
  Bachelor- und Masterarbeit

- Ihr eigenes eBook und Buch -
  weltweit in allen wichtigen Shops

- Verdienen Sie an jedem Verkauf

Jetzt bei www.GRIN.com hochladen
und kostenlos publizieren

Bibliografische Information der Deutschen Nationalbibliothek:

Die Deutsche Bibliothek verzeichnet diese Publikation in der Deutschen National-
bibliografie; detaillierte bibliografische Daten sind im Internet über http://dnb.d-
nb.de/ abrufbar.

Impressum:

Copyright © 2013 GRIN Verlag, Open Publishing GmbH
Druck und Bindung: Books on Demand GmbH, Norderstedt Germany
ISBN: 9783668300712

Dieses Buch bei GRIN:

http://www.grin.com/de/e-book/339724/analyse-eines-kraftorientierten-pilates-
kurses-und-aufbau-einer-wirbelsaeulengymnastikstunde

Nathalie Peter

Analyse eines kraftorientierten Pilates-Kurses und Aufbau einer Wirbelsäulengymnastikstunde

GRIN Verlag

Deutsche Hochschule für

Prävention und Gesundheitsmanagement

Hermann Neuberger Sportschule 3

66123 Saarbrücken

Einsendeaufgabe

Fachmodul: Gruppentraining I

Studiengang: Bachelor of Arts „Fitnessökonomie"

Version Studienbrief: Februar 2013, rev.09.009.000

(Datum des Vorwortes, Versionsnummer in Fußzeile des Studienbriefes)

Name, Vorname: Peter, Nathalie

Inhaltsverzeichnis

1 Analyse eines kraftorientierten Kurses

Für die Analyse wurde an einem 60-minütigen kraftorientierten Kurs mit der Bezeichnung Pilates teilgenommen. Dieser Kurs wird im Fitnessstudio X dreimal die Woche angeboten.

 Bei einem kraftorientierten Kurs wird durch die Motivation durch den Gruppenleiter, die aufmunternde Musik und die Gruppendynamik, eine Ablenkung von der anstrengenden Trainingseinheit geschaffen (Reiß und Fikenzer, 2013, Studienbrief der Deutschen Hochschule für Prävention und Gesundheitsmanagement-Gruppentraining I, S.8).

 Diese Trainingsmethode wurde in den zwanziger Jahren von dem deutschen Joseph Pilates (1880-1967) entwickelt und beinhaltet eine Anzahl an speziellen Übungen, die gleichzeitig die Muskulatur dehnen und kräftigen. Zusätzlich wird dabei die Haltung verbessert, die Körperwahrnehmung geschult und das Gleichgewicht optimiert. Das Hauptziel dieser Trainingsmethode ist die Ausbildung einer zentralen Stabilität, welche die Grundbasis aller Bewegungen darstellt. Das Augenmerk liegt deshalb auf den tiefer liegenden, stabilisierenden Muskelanteilen. Des Weiteren werden durch die Pilates-Methode die physiologischen Funktionen, wie zum Beispiel der Bewegungsradius, die Muskelkraft und die Muskelausdauer, optimiert, die psychologischen Faktoren, wie etwa die Grundstimmung, die Konzentration, und die Lebensfreude, verbessert und der motorische Lernprozess unterstützt (Reiß und Fikenzer, 2013, Studienbrief der Deutschen Hochschule für Prävention und Gesundheitsmanagement-Gruppentraining I, S. 86-87).

1.1 Äußere Rahmenbedingungen der Pilatesstunde

Im Folgenden wird der äußere Aufbau der besuchten Pilatesstunde tabellarisch dargestellt und beschrieben.

Tab. 1: Äußere Rahmenbedingungen der Pilatesstunde

Räumlichkeit	Der Kurs fand in einem 50 qm^2 großen Raum statt, der mit indirektem Licht, Spiegelfront, Lüftung und Musikanlage ausgestattet und mit einem Gymnastikboden ausgekleidet ist.
Equipment	Gymnastikmatten
Tageszeit	Der Kurs fand am späten Nachmittag um 18.00 Uhr statt.
Musik	Instrumentalmusik meditativ im Hintergrund

Tab. 2: Die Zielgruppe der Pilatesstunde

Teilnehmerzahl	An der Pilatesstunde haben zwölf Mitglieder teilgenommen. Es gab zwei Neueinsteiger.
Alter	Der Kurs ist für Menschen zwischen 18 und 70 Jahren geeignet.
Geschlecht	Die Pilatesstunde kann sowohl von Männern, als auch von Frauen besucht werden.
Trainingszustand	An der Kurseinheit können sowohl untrainierte (Anfänger) als auch trainierte Menschen teilnehmen. Vorkenntnisse werden nicht benötigt, da diese im Bereich des Kurses vermittelt werden.
Voraussetzungen der Zielgruppe	Teilnehmen sollten: Menschen, die ihre Haltung verbessern, ihre Muskulatur dehnen und kräftigen, die Körperwahrnehmung schulen und das Gleichgewicht optimieren wollen. Des Weiteren kann Pilates chronische und haltungsbedingte Rückenschmerzen lindern und vor Osteoporose oder Rückenleiden bewahren. Nicht teilnehmen sollten: Um gesundheitliche Negativfolgen zu vermeiden, sollten Menschen mit akuten Bandscheibenvorfällen, mit Entzündungen jeglicher Art, kurze Zeit nach einer Operation und bei Extremstellungen der Wirbelsäule nicht an einem Pilateskurs teilnehmen. Auch bei Schwangeren ist diese Trainingsmethode nicht zu empfehlen, da sich viele Übungen kontraproduktiv hinsichtlich der Geburt auswirken können.

Tab. 3: Der zeitliche Rahmen der Pilatesstunde

Kursart	Bei der Pilatesstunde des Fitnessstudios X handelt es sich um einen ganzjährigen Kurs, der dreimal die Woche angeboten wird.
Dauer	Die Kursdauer beträgt 60 min.
Inhalt	Einleitung: Die Kurseinheit beginnt mit einer freundlichen Begrüßung der Teilnehmer, einer kurzen persönlichen Vorstellung des Trainers und einer Einweisung möglicher Neukunden. Danach wird übergegangen zu einem allgemeinen und anschließend zu einem speziellen Aufwärmen, welches insgesamt 1/5 der Kursdauer beansprucht. Dabei erfolgen einige einführenden Sätze zum Schwerpunkt der Stunde, technische Hinweisen zur Ausführung und Atmung. Hauptteil: Im Hauptteil des Kurses wird das eigentliche Ziel der Kurseinheit verwirklicht und die Trainingsintensität erreicht an dieser Stelle ihr Maximum. Der Hauptteil umfasst 3/5 der kompletten Kursdauer. Schlussteil: Im Schlussteil wird die Herz-Kreislauftätigkeit in den Ausgangszustand zurück versetzt, die Körpertemperatur und der Puls gesenkt, die Muskulatur gelockert, gedehnt, entspannt und die Teilnehmer mental zur Ruhe gebracht. Das Cool-Down bildet, wie das Warm-Up, 1/5 der geplanten Kursdauer.

Tab. 4: Die spezielle Zielsetzung des besuchten Pilates-Kurses

Spezielle Zielsetzung	Die spezielle Zielsetzung der Pilatesstunde lag bei der besuchten Kurseinheit in dem Training der motorischen Fähigkeiten, der Stärkung der Körpermitte und dem Erlernen gezielter und kontrollierter Übungen (Körperkontrolle)

1.2 Einschätzung und Erfahrung des Phasenverlaufes der besuchten Pilatesstunde

Zu Beginn des Trainings begrüßte der Kursleiter seine Teilnehmer und erkundigte sich interessiert nach ihrem aktuellen Wohlbefinden. Anschließend stellte er sich in knappen Worten vor und informierte die Kursteilnehmer über das weitere Kursangebot des Fitnessstudios X. Besonders hervorgehoben hat er dabei die Möglichkeit von 17.00 bis 18.00 Uhr an der Wirbelsäulengymnastikstunde teilzunehmen und danach die Trainingseinheit mit einem Pilateskurs von 18 .00 bis 19. 00 Uhr abzurunden. Anschließend ging er in ein allgemeines Warm-Up über, um unter anderem das Herz-Kreislaufsystem auf die nachfolgende Belastung vorzubereiten, den Körper und Geist aufnahmefähig, locker, konzentriert und aktiv auf die bevorstehende Stunde vorzubereiten und die Körpertemperatur zu erhöhen (Reiß und Fikenzer, 2013, Studienbrief der Deutschen Hochschule für Prävention und Gesundheitsmanagement-Gruppentraining 1, S. 53-54). Das allgemeine Aufwärmen begann mit der Ausrichtung im Stand und es wurde einige Male tief eingeatmet. Die Arme wurden dabei seitlich neben dem Körper hoch und tief mitgeführt und unterstützten die Atmung. Danach wurden die Beine über hüftbreit aufgestellt, die Arme seitlich auf Schulterhöhe ausgestreckt und das Gewicht von links nach rechts verlagert. Der Trainer achtete besonders darauf, dass sich nur der Schultergürtel und nicht der ganze Körper an der Bewegung beteiligt. Anschließend wurden weitere Übungen zur Mobilisation des Schultergürtels durchgeführt. Eine Bewegungsausführung war zum Beispiel das Zusammenführen der Handrücken mit gestreckten Armen vor dem Körper und das anschließende Aufdehnen des Thorsalbereichs durch das Überstrecken der Arme nach hinten und das Berühren der Handflächen mit gestreckten Armen rechts und links des Körpers durch eine Rotationsbewegung der Wirbelsäule. Zwischen den einzelnen Übungen, die mehrmals hintereinander ausgeführt wurden, erfolgte immer die zu Beginn einstudierte Atem- und Entspannungsübung.

Ein angepasstes bzw. spezielles Warm-Up ist dafür da, die Übungsqualität, die Konzentration und die Motivation zu fördern. Es dient der körperlichen, aber auch der mentalen Vorbereitung auf spezielle Übungen der Pilatesstunde. Des Weiteren können die Teilnehmer an dieser Stelle an das im Hauptteil verwendete Trainingsgerät herangeführt werden.

(Reiß und Fikenzer, 2013, Studienbrief der Deutschen Hochschule für Prävention und Gesundheitsmanagement-Gruppentraining 1, S.54). Hierfür hat der Trainer mit kleinen Bewegungen angefangen und den Bewegungsradius dann langsam gesteigert, wie zum Beispiel vom kleinen Armkreisen zum größeren Armkreisen im hüftbreiten Stand. Des Weiteren hat er die Übungen so gewählt, dass sie einfach anfingen und sich sukzessive steigerten.

Vor dem eigentlichen Workout stellte der Kursleiter in knappen Worten den Inhalt und die Zielsetzung des heutigen Kurses dar und erklärte die exakte Brustkorbatmung während der Trainingseinheit. Besonders wichtig ist dabei ruhig und gleichmäßig mit leicht eingesunkenem Nabel und aktiviertem Beckenboden zu atmen. Dabei sollten die Teilnehmer ihre Hände auf die untersten Rippen legen und den Arm direkt zu den Händen leiten. Während mit dem Einatmen so die Hände auseinandergedrückt und der Rücken geweitet wurde, näherten sich die Hände beim Ausatmen wieder einander an. Diese Übung wurde einige Male wiederholt. Darauf folgte eine kurze Definition der Begrifflichkeit „Powerhouse". Zusammenfassend lässt sich für den Phasenverlauf der Einleitung festhalten, dass der Trainer die Gruppe freundlich begrüßt, sich selbst vorgestellt, technische Hinweise zu Übungen und Atmung gegeben und Neukunden eingewiesen hat (Reiß und Fikenzer, 2013, Studienbrief der Deutschen Hochschule für Prävention und Gesundheitsmanagement-Gruppentraining I, S. 53). Des Weiteren wurde durch das allgemeine Aufwärmen die Gruppe auf das bevorstehende Training optimal vorbereitet. So ging der Trainer auf die spezielle Atmung und das Powerhouse ein, gab genaue Bewegungsbeschreibungen und führte die Übungen exakt vor (Reiß und Fikenzer, 2013, Studienbrief der Deutschen Hochschule für Prävention und Gesundheitsmanagement-Gruppentraining I, S. 88). Unter Anderem hat der Trainer mit kleinen Bewegungen angefangen und den Bewegungsradius dann langsam bis zum Maximum gesteigert und das Prinzip vom Leichten zum Schweren gewählt (Reiß und Fikenzer, 2013, Studienbrief der Deutschen Hochschule für Prävention und Gesundheitsmanagement-Gruppentraining I, S. 59). Aufgefallen ist mir an dieser Stelle nur, dass eine vollständige Erwärmung der Körpertemperatur und des Herz-Kreislaufsystems nur bedingt möglich war, da alle Übungsausführungen ohne große Bewegungen auf der Stelle ausgeführt wurden. Auch eine Gewöhnung an spezielle Trainingsgeräte fand nicht statt, da in dieser Trainingseinheit keine verwendet wurden.

Nach dem speziellen Warm-Up ging der Trainer nahtlos in den Hauptteil, das eigentliche Workout, über.

Begonnen wurde mit einer Übung zur Förderung des Gleichgewichts und der Koordination. Dabei wurde ein Bein im rechten Winkel nach oben gezogen, die Arme zur Seite gestreckt und anschließend das angewinkelte Bein erst in einem langsamen und dann in einem schnellen Rhythmus von rechts nach links gedreht. Auch im Hauptteil folgte auf eine Übungsausführung immer eine kurze Entspannungsphase. Nach einigen Übungen zur Lockerung des Schulter-, Rücken- und Nackenbereichs durch langsames Ab- und Aufrollen der Wirbelsäule begab man sich rückengerecht in die Liegestützposition. Diese Position wurde für kurze Dauer gehalten und konnte von Fortgeschrittenen, hinsichtlich der Intensität, verstärkt werden, indem sie abwechselnd ein Bein wenige Zentimeter gestreckt vom Boden anhoben. Nach einem langsamen Aufrichten der Wirbelsäule ging man rückengerecht in die Bewegungsausführung einer Liegestütz über. Diese wurden zuerst auf den Knien und anschließend normal durchgeführt. Die Ellbogen wurden dabei eng am Körper geführt, um speziell den Trapezmuskel zu trainieren. Für die weiteren Übungen mussten sich die Teilnehmer flach auf den Bauch legen, die Arme im rechten Winkel neben den Kopf platzieren und die Beine hüftbreit locker ablegen. Anschließend die Arme anheben und leichte Kreise zeichnen. Die Bewegungsausführung wurde auch hier immer größer, bis ein maximaler Radius erreicht wurde. Die gleiche Bewegung wurde auch mit gestreckten Armen neben dem Körper ausgeführt. Noch in Bauchlage wurde danach der komplette Körper in der Länge gestreckt und dann eine Grundspannung aufgebaut. Anschließend werden in abwechselnder Reihenfolge Arme und Beine internierend angehoben. Auch bei dieser Übung gab der Trainer für Fortgeschrittene eine Intensivierung der Übungsausführung, z.B. „den Schwimmer", kund. Nach einer kurzen Entspannung wurden die Beine hüftbreit geöffnet, angehoben und dann geöffnet und geschlossen. Ganz nach dem „Prinzip der Variation" (Reiß und Fikenzer, 2013, Studienbrief der Deutschen Hochschule für Prävention und Gesundheitsmanagement-Gruppentraining I, S. 60) wurde das Tempo nach und nach gesteigert, während der Bewegungsradius verkleinert wurde.

Für die letzte Übung in Bauchlage wurde ein Arm nach vorne gestreckt, der andere auf dem unteren Rücken abgelegt und ein Wechsel über mehrere Wiederholungen durchgeführt. Für die erste Übung in Seitlage wird der Kopf auf dem Ellbogen abgestützt und die Beine gestreckt angehoben und gesenkt. Nach dem „Prinzip der progressiven Belastungssteigerung" erhöhte der Trainer den Widerstand entsprechend der im Verlauf des Trainings zunehmenden Kraftsteigerung.

Hierfür wurden nacheinander verschiedene Übungsausführungen aneinandergehangen: wie z.B. das obere Bein bleibt gestreckt, während das untere gehoben und gesenkt wird, Verlagerung seitlich vor den Körper, Ausführung kleiner Kreise oder Anziehen der angewinkelten Beine. Anschließend wurde oberhalb des Sprunggelenks gegriffen, der Körper im Sitzen aufgerichtet und abwechselnd nach rechts und links gedehnt, während der Arm über Kopf gestreckt, bzw. man sich auf dem Ellbogen abgestützt hat. Danach wurde sich langsam Wirbel für Wirbel abgerollt, der Körper dabei in Rückenlage gebracht und die Beine im rechten Winkel mehrmals hintereinander angehoben. An dieser Stelle war es für den Gruppenleiter besonders wichtig, dass die Teilnehmer sich auf das Powerhouse und ihre Atmung konzentrieren und verwies darauf, dass jeder Mensch ein anderes Atemvolumen und daraus resultierend auch ein differenziertes Tempo in der Bewegungsausführung hat. Auch bei dieser Übung wurde auf eine Intensivierung für Fortgeschrittene, eine Positionierung der angewinkelten Beine weiter weg vom Körper, hingewiesen und vom Trainer vorgeführt. Anschließend wurden die Beine geschlossen, gestreckt angehoben und kleine bis große Kreise gezeichnet. Für die letzte Übung wurden die Oberschenkel wieder im rechten Winkel angehoben, das Becken Richtung Brustbein gerollt und das Gesäß und der Rücken Wirbel für Wirbel hochgehoben. Der Trainer achtete erpicht darauf, dass der Bewegungsradius nicht über den Schultergürtelbereich hinaus ging und dass der Kopf bzw. Nacken keinerlei Belastung erfuhr. Anfänger verweilten in dieser Stellung, während für Fortgeschrittene noch eine Steigerung angeboten wurde. Der Trainer hat sich auch im Hauptteil an alle Punkte des Phasenverlaufs und an didaktisch-methodische Hinweise gehalten. So begann er die Übungen vom Leichten zum Schweren, vom Einfachen zum Komplexen, vom Bekannten zum Unbekannten und beachtete die zwei Trainingsprinzipien „Prinzip der progressiven Belastungssteigerung" und „Prinzip der Variation" (Reiß und Fikenzer, 2013, Studienbrief der Deutschen Hochschule für Prävention und Gesundheitsmanagement-Gruppentraining I, S. 59f, 104).

Zum Schluss kam es zum Cool-Down, in dem der Puls gesenkt (Cool-Down 1) und der Körper gelockert, gedehnt und entspannt wird (Cool-Down 2) (Reiß und Fikenzer, 2013, Studienbrief der Deutschen Hochschule für Prävention und Gesundheitsmanagement-Gruppentraining I, S. 61) Bei der Planung eines kraftorientierten Kurses ist zu beachten, dass es keinen Cool-Down 1 und somit im heutigen Kurs nur eine Lockerung, Dehnung und Entspannung stattgefunden hat. Noch in Rückenlage wurde ein Bein senkrecht gestreckt und gegebenenfalls mit den Händen weiter zum Körper herangezogen. Danach wurden die Beine im rechten Winkel knapp vor dem Gesäß abgestellt, eine Rotation der Wirbelsäule vollzogen und die Arme seitlich vom Körper platziert. Wieder in die Ausgangposition zurückgekehrt wurde nun das Becken angehoben und für einige Augenblicke gehalten. Anschließend erfolgte eine Dehnung im Vierfüßlerstand, in dem der Rücken extrem rund bzw. in die äußerste Hohlkreuzstellung gebracht wurde. Zu guter Letzt wurde sich über kleine Teilschritte langsam Wirbel für Wirbel aufgerichtet und weitere vier Mal tief ein- und ausgeatmet. Der Kursleiter beendete den Kurs durch einen Applaus an seine Teilnehmer und bedankte sich recht herzlich für die Teilnahme. Anschließend verwies er ein weiteres Mal auf das Kursprogramm des Studios, um es den Kursteilnehmern noch einmal ins Gedächtnis zu rufen. Auch im Cool-Down hielt sich der Trainer an die geforderten Punkte, da er sowohl Lockerungs- als auch Dehnungs-, und Entspannungsübungen in den Schlussteil eingeplant hatte.

Allgemein kann man festhalten, dass die Kursstunde sehr gut geplant und gut strukturiert war. So war zum Beispiel auch die Reihenfolge der Übungen durchdacht und effektiv aneinandergereiht und keinem ständigen Wechsel unterlegen. Das bedeutet, dass erst die Übungen im Stand durchgeführt und dann auf den Boden verlagert wurden. Des Weiteren wurden, wie bereits erwähnt, in der kompletten Kursplanung die drei Aspekte zur Strukturierung eines kraftorientierten Kurses berücksichtigt.

1.3 Trainerverhalten

An dieser Stelle wird das Verhalten des Trainers in der besuchten Kursstunde analysiert und ausgewertet. Der Gruppentrainer trägt nämlich einen entscheidenden Teil zum Erfolg seiner Kursteilnehmer bei uns sollte folgende Funktionen gleichzeitig verkörpern können: Lehrer, Dienstleister, Vorbild, Teammitglied und Animateur.

1.3.1 Funktion des Lehrers

Der Gruppenleiter hat als Funktion des Lehrers eine große Verantwortung für seine Teilnehmer, was bedeutet, dass jede Kurseinheit einer sorgsamen Planung unterliegen sollte und die Ziele und Inhalte auf die Zielgruppe abgestimmt werden müssen.

Denn Einsteiger können von zu schweren Übungen abgeschreckt werden, wohingegen sich Fortgeschrittene langweilen, wenn sich Kursinhalte ständig wiederholen und keine Steigerung des Leistungslevels vermittelt wird. Des Weiteren ist es wichtig, dass der Gruppentrainer die gezeigten Übungen korrekt ausführen, detailliert begründen und erklären und auf alle Fragen der Teilnehmer sachlich und kompetent antworten kann. Auch ein geschultes Auge zur Korrektur bei falsch ausgeführten Bewegungsabläufen und Übungen der Teilnehmer ist nicht zu vernachlässigen (Reiß und Fikenzer, 2013, Studienbrief der Deutschen Hochschule für Prävention und Gesundheitsmanagement-Gruppentraining I, S. 64).

Der Trainer hat in seinem Kurs die Bewegungen immer zusammen mit der Gruppe einstudiert und danach die gezeigte Übungsausführungen mehrmals hintereinander ausführen lassen. Die ersten Wiederholungen wurden so lange vom Trainer begleitet, dass er sichergehen konnte, dass jeder Teilnehmer die Ausführung beherrscht und ist anschließend durch die Reihen gegangen, hat weitere Korrekturen vorgenommen und an die Atemtechnik erinnert. Die Korrektur einer falschen Bewegungsausführung war bei Ihm sehr gut nachzuvollziehen, da er nicht nur den Fehler in der Bewegung aufgezeigt, sondern auch die Ursachen erläutert und erklärt hat. Besonderes Augenmerk hatte er darauf, dass die Übungen fließend und nicht zu ruckartig oder schwunghaft ausgeführt wurden. Wenn dies bei einem Teilnehmer der Fall war, wurde er freundlich darauf hingewiesen. Das musste einem vor der Gruppe auch nicht peinlich sein, da er dies mit der gleichen freundlichen Mimik und Gestik im Vorbeigehen leise mitgeteilt hat, wie das Loben bei besonders schönen Ausführungen. So war es für alle Teilnehmer, v.a. für die Anfänger, möglich die Übungen korrekt und mit Spaß auszuführen.

1.3.2 Funktion des Dienstleisters

Bei der Funktion des Dienstleisters hat der Leiter die Aufgabe gute äußere Bedingungen für seinen Kurs zu schaffen. Das beginnt bei einer zeitigen Vorbereitung des Kursraumes, inbegriffen technischer, räumlicher und klimatischer Einflussfaktoren für eine angenehme Atmosphäre. Dazu gehört auch, dass ein Trainer gut vorbereitet und vor allem pünktlich zu seinem Kurs erscheint, neue Teilnehmer in den Kurs integriert, sowie vor und nach dem Kurs für seine Teilnehmer zu sprechen ist (Reiß und Fikenzer, 2013, Studienbrief der Deutschen Hochschule für Prävention und Gesundheitsmanagement-Gruppentraining 1, S. 64-65). Der Trainer war sehr gut vorbereitet und bereits zwanzig Minuten vor Kursbeginn vor Ort. In den ersten fünf Minuten hat er den Raum klimatisch und technisch vorbereitet. In den verbleibenden Minuten ist der Gruppenleiter durch das Studio, hat gezielt Neukunden geworben, sich mit seinen Stammkunden unterhalten und diese Parteien zueinander geführt und vorgestellt. Dies versprach zu Beginn der Stunde schon eine freundschaftliche Atmosphäre.

1.3.3 Funktion des Vorbilds

Der Gruppentrainer sollte als Vorbild für seine Teilnehmer fungieren und ihnen das vorleben, was er zu vermitteln versucht. Dazu gehört, dass ein Trainer selbst gesund, trainiert, freundlich und fröhlich ist und vor allem Spaß an seinem Kurs hat. Das gesamte Auftreten des Trainers wird von den Teilnehmern sehr genau wahrgenommen und das nicht nur während des Kurses. Inbegriffen sind an dieser Stelle natürlich auch ein gepflegtes Äußeres, saubere Sportkleidung und ein sicheres Auftreten (Reiß und Fikenzer, 2013, Studienbrief der Deutschen Hochschule für Prävention und Gesundheitsmanagement-Gruppentraining I, S. 64-65). Der Trainer hat alle diese Punkte erfüllt und wird seiner Vorbildfunktion mehr als gerecht. Auch sein Erscheinungsbild war vollkommen angemessen. Er trug gute Sportschuhe, saubere und frische Sportkleidung und vermittelte durch eine sichere Körperhaltung und eine ruhige Sprechweise das Gefühl in kompetenten Händen zu sein.

1.3.4 Funktion des Animateurs

Einer der wichtigsten Gründe für Kursteilnehmer ist der Spaß am gemeinsamen Trainieren, weshalb der Gruppenleiter in seiner Funktion als Animateur immer gute Laune mitbringen und sich vollkommen auf seinen Kurs konzentrieren sollte. Besonders wichtig ist an dieser Stelle seine Erscheinung, Ausstrahlung, Mimik und Gestik und dass er seine Alltagssorgen in den Hintergrund stellen und sich aktiv und freundlich um seine Teilnehmer kümmern sollte. Zu seinen Aufgaben zählt auch mit auftretenden äußeren Problemen und Kritik von Seiten der Teilnehmer immer flexibel, korrekt und sachlich umgehen zu können.

Ein weiteres wichtiges Aufgabengebiet im Bereich der Animation ist die angemessene Motivation der Kursteilnehmer durch den Gruppenleiter (Reiß und Fikenzer, 2013, Studienbrief der Hochschule für Prävention und Gesundheitsmanagement-Gruppentraining I, S. 65). Der Trainer vermittelte schon vor Kursbeginn eine angenehme und freundliche Atmosphäre, in dem er die zwei Neueinsteiger seinen Stammkunden vorstellte und sie integrierte. Auch während des Trainings verbreitete er gute Laune, Freude und Spaß am Kurs und dieser Funke sprang auch zu Beginn des Kurses auf alle Teilnehmer über. Er war die ganze Zeit für seine Kursteilnehmer da und begleitete sie mit motivierenden Worten durch den Kurs. Kritikpunkte von Seiten der Kursteilnehmer kamen nicht auf, weshalb der Punkt an dieser Stelle nicht bewertet werden konnte.

1.3.5 Funktion des Teammitglieds

Diese Funktion des Gruppentrainers bezieht sich nur sekundär auf seinen Kurs, sondern primär auf ein gutes Arbeitsklima und ein gutes Verhältnis zu seinen Kollegen. Nur wenn man als gemeinsames Team fungiert, sich fachlich austauscht und sich dem Kunden als Einheit präsentiert kann ein reibungsloser und kompetenter Ablauf im Studio gewährleistet werden (Reiß und Fikenzer, 2013, Studienbrief der Deutschen Hochschule für Prävention und Gesundheitsmanagement-Gruppentraining I, S. 65). Der Trainer, der nur stundenweise im Studio seine Kurse hält, hat ein sehr gutes Verhältnis zu seinen Kollegen und ist im Team sehr beliebt. Er hat sich vor Beginn seines Kurses ausführlich mit mir über meine Einsendeaufgabe unterhalten und sich sehr für meine Studieninhalte im Bereich Gruppentraining interessiert. Nach der besuchten Kurseinheit ist er noch einmal auf mich zugekommen, hat mich gefragt wie ich seinen Kurs fand und mir seine Hilfe angeboten. Des Weiteren gab er mir drei DVDs mit Pilates-Workouts und Erklärungen, sodass ich mich tiefer mit der Materie auseinander setzen und weiteres Wissen aneignen konnte.

2 Aufbau einer Wirbelsäulengymnastikstunde

Im nachfolgenden wird der Aufbau einer Wirbelsäulengymnastikstunde beschrieben.

2.1 Äußere Rahmenbedingungen

Im Folgenden werden die äußeren Rahmenbedingungen, die bei der Planung einer Wirbelsäulengymnastikstunde beachtet werden müssen, tabellarisch dargestellt und beschrieben.

Tab. 5: Die äußeren Rahmenbedingungen zur Planung einer Wirbelsäulengymnastikstunde

Räumlichkeit	Die Wirbelsäulengymnastikstunde soll in einem ca. 50qm2 großen Kursraum stattfinden, der mit indirektem und dimmbaren Licht, einer Spiegelfront, Lüftung und Musikanlage ausgestattet ist. Der Raum ist mit einem Gymnastikboden ausgekleidet, viereckig und kann komplett geschlossen werden, sodass der Kurs völlige Privatsphäre und Ruhe genießt.
Tageszeit	Der Kurs wird am späten Nachmittag um 18.00 Uhr stattfinden, damit insbesondere Berufstätige nach der Arbeit daran teilhaben können. Alternativ könnte auch ein weiterer Kurs am Vormittag angeboten werden, der als „bewegte und entspannte Pause" gegen 12Uhr vermarktet wird. Bei der Wirbelsäulengymnastikstunde handelt es sich um einen ganzjährigen Kurs, der sowohl in den Sommer- als auch in den Wintermonaten angeboten wird.
Musik	Die Kursstunde wird von einer meditativen Musik mit langsamem Musiktempo mit 90-110 bpm untermalt. Das Zusammenspiel von Musik und Bewegung verbessert bei den Teilnehmern das Rhythmusgefühl und einen harmonischen Ablauf der Bewegung, sowie ein gleichmäßiges Bewegungstempo wird unterstützt.

2.2 Zielgruppe

Tab. 6: Die Zielgruppe der Wirbelsäulengymnastikstunde

Teilnehmerzahl	Der Kurs ist maximal für 15 Personen geeignet, damit gewährleistet ist, dass genügend Equipment vorhanden ist. Des Weiteren muss in einem gesundheitsorientierten Kurs sehr auf die korrekte Ausführung geachtet werden. Dies kann nur bei einer überschaubaren Gruppengröße <15 Teilnehmer gesichert werden. Ist die Gruppe zu groß ist die Wahrscheinlichkeit hoch dem Ziel der Stunde nicht mehr gerecht zu werden.
Alter	Die Wirbelsäulengymnastikstunde ist für alle Altersgruppen geeignet. Der Kurs ist dabei auf Menschen ausgerichtet, die schwere körperliche Arbeit verrichten, im Beruf einer stark einseitigen Belastung ausgesetzt sind oder überwiegend sitzende Tätigkeiten ausführen. Darunter fallen mittlerweile auch immer mehr jüngere Menschen, die zum Beispiel im Studium sehr lange am Computer oder in der Bibliothek sitzen und dadurch Haltungsschwächen bekommen können. Die große Altersspanne ist in diesem Kurs jedoch kein Problem, da die Kursinhalte mit vielen Variationen und Wiederholungen geplant sind

	und je nach Zustand der Muskelgruppe und des Leistungsstandes indi-viduell beendet werden können.
Geschlecht	Der Kurs ist für beide Geschlechter ausgerichtet.
Trainingszustand	An der Wirbelsäulengymnastikstunde können sowohl untrainierte (An-fänger) als auch trainierte Menschen teilnehmen. Vorkenntnisse werden nicht benötigt, da diese im Bereich des Kurses vermittelt werden.
Voraussetzungen der Zielgruppe	Teilnehmen sollten: Menschen, die durch gezielte Kräftigungs-, Dehnungs- und Entspan-nungsübungen Erkrankungen des Bewegungs- und Stützapparats vor-beugen bzw. bestehenden Rückenproblemen zielgerichtet entgegenwir-ken wollen. Nicht teilnehmen sollten: Menschen, die akut vorliegende Bandscheibenprobleme haben.

2.3 Allgemeine und spezielle Zielsetzung

Tab. 7: Die allgemeine und spezielle Zielsetzung einer Wirbelsäulengymnastikstunde

Allgemeine Zielset-zung	In einer Wirbelsäulengymnastikstunde liegen die Schwerpunkte auf der Vorbeugung von Erkrankungen im Bereich der Wirbelsäule und der beteiligten Gelenke auf Grund von Bewegungsmangel, der Ver-besserung der Körperwahrnehmung und Sturzprophylaxe durch Gleichgewichts- und Stabilisierungsübungen. Des Weiteren sollen da-bei muskuläre Disbalancen ausgeglichen, die Entspannungsfähigkeit gesteigert und die gesamten rumpfstabilisierenden Muskelgruppen ge-stärkt werden. Unter anderem werden durch fließende Bewegungen die Muskelfaszien, d.h. Bindegewebsfasern des Körpers, mit aufge-dehnt.
Spezielle Zielset-zung	Die spezielle Zielsetzung der geplanten Kurseinheit lag bei einer Mo-bilisation der Wirbelsäule, Kräftigung der Rückenmuskulatur und Stärkung der Rotatorenmanchette. Ein besonderer Schwerpunkt wird dabei auf den Bereich des Schultergürtels gesetzt.

2.4 Equipment

Tab. 8: Das Equipment der geplanten Wirbelsäulengymnastikstunde

Verwendete Materi-alien	In der geplanten Wirbelsäulengymnastikstunde werden Gymnastik-matten, Therabänder und Redondobälle verwendet.

2.5 Stundenverlauf mit Übungen

Zu Beginn einer Kurseinheit wird mit einem allgemeinen Aufwärmen begonnen, damit eine Einstimmung auf das nachfolgende Training gewährleistet ist bzw. der Übergang vom Alltag zum Training hergestellt wird. Dabei wird die psychovege-tative Leistungsbereitschaft erhöht, das Herz-Kreislauf-System auf die anschlie-ßende Belastung vorbereitet, die Blutzirkulation und damit die Versorgung des Körpers mit Sauerstoff verbessert, die Körpertemperatur und die Produktion der Gelenkflüssigkeit erhöht (Reiß und Fikenzer, 2013, Studienbrief der Deutschen Hochschule für Prävention und Gesundheitsmanagement, S. 53-54).

Tab. 9: Das allgemeine Warm-Up der geplanten Wirbelsäulengymnastikstunde

Phase: allgemeines Warm-Up (4 Minuten)				
Ziel der Übung	Name der Übung	Übungs-beschreibung	Belastungs gefüge	Bermerkungen/Hinweise
Wahrnehmung des eigenen Körpers	Körperwahrnehmung	Hüftbreiter Stand, Arme seitlich am Körper hängen lassen und bewusst stehen, Gewicht auf die Ferse verlagern (Zehen anziehen)	30sec	Eigene Analyse zwecks Gewichtsverteilung →Änderung der Grundspannung und Haltung des Körpers
Weitung des Brustkorbes und Streckung des gesamten Körpers	Körperstreckung	Mit dem Einatmen Armführung über die Seite nach oben und Verlagerung des Gewichts auf den Zehenballen. Mit dem Ausatmen Arme seitlich nach unten führen und das Gewicht auf die Ferse verlagern.	6x wiederholen (aktiv dynamisch)	Hüftgelenksbreiter Stand, Knie leicht gebeugt, Bauchnabel nach innen fixiert
Erwärmung der Gelenke und Vorbereitung auf die darauffolgende Bewegung	Sprunggelenkkreisen	Verlagerung auf ein Bein, anheben und den Fuß am Sprunggelenk kreisen, Bein wechseln und wiederholen	Je Seite 2x5 Wdh. (dynamisch)	Teilnehmer eines höheren Alters können sich bei dieser Übung festhalten
Ganzkörpererwärmung	Abduktion und Adduktion im Hüftgelenk	Gewicht in Einbeinstand, Fuß in Flexion, Bein diagonal nach vorne und hinten führen	Je Seite 3x8 Wdh. (dynamisch)	Gesäß in Spannung, Bauchnabel nach innen fixiert

Im Anschluss folgt in einem fließenden Übergang ein spezielles Warm-Up, welches sich am Thema der Stunde orientiert. Dabei sollen die im Hauptteil besonders beanspruchten Muskelgruppen erwärmt, die geplanten Bewegungsabläufe vorbereitet und an die verwendeten Trainingsgeräte gewöhnt werden (Reiß und Fikenzer, 2013, Studienbrief der Deutschen Hochschule für Prävention und Gesundheitsmanagement-Gruppentraining I, S.54)

Tab. 10: Das spezielle Warm-Up der geplanten Wirbelsäulengymnastikstunde

Phase: spezielles Warm-Up (3 Minuten)				
Ziel der Übung	Name der Übung	Übungs-beschreibung	Belastungsgefüge	Bermerkungen/Hinweise
Durchblutung der Muskulatur, Mobilisation und Erwärmung des Schultergürtels und des	Armkreisen	Übergehen in Armkreisen über den halben, dann den gestreckten Arm	Je Seite und Übungsausführung 1x8 Wdh.	Bewegungsradius dabei individuell je nach Beweglichkeit des Schultergürtels

Band- und Sehnen-apparates		Vor Zurück alternierend	(dyna-misch)	
Durchblutung der Muskulatur, Mobili-sation und Erwär-mung des Schulter-gürtels und des Band- und Sehnen-apparates	Armrotation	Arme in seitli-cher Streckung (90° zum Rumpf), Innen- und Außenrota-tion des Armes und des Schulter-gelenks	10 sec. (dyna-misch)	Rücken gerade, Bauchnabel nach innen fixiert, Außenrotation: Schulterblätter zusammen Innenrotation: Schulter nach vorne
Komplette Stre-ckung des Körpers	Frontheben mit Redondoball	Oberkörper in Streckung und Arme vor dem Körper über den Kopf führen	3x8 Wdh. (dyna-misch)	Rücken gerade, Bauchnabel nach innen fixiert

Nach der Erwärmung folgt der Hauptteil der Wirbelsäulengymnastikstunde.

Tab. 11: Der Hauptteil der geplanten Wirbelsäulengymnastikstunde

Phase: Hauptteil (40 Minuten)				
Ziel der Übung	Name der Übung	Übungs-beschreibung	Belastungsgefüge	Bermerkungen/Hinweise
Erwärmung Deltamuskel vorderer und mittlerer Anteil und des zweiköpfigen Armbeugers	Frontheben mit Theraband	Theraband rückengerecht aufnehmen, stabiler, aufrechter Stand, vorderer Fuß steht mittig auf dem Theraband, Arme seitlich anheben bis auf Schulterhöhe und senken Hände in Innenrotation Hände in Außenrotation	3x8 Wdh. (dynamisch)	Spannung in der Rumpfmuskulatur halten, Theraband immer unter Spannung halten
Innenrotation: Kräftigung des breiten Rückenmuskels, des Deltamuskels hinterer Anteil und des Unterschulterblattmuskels Außenrotation: Kräftigung des breiten Rückenmuskels, des Deltamuskels hinterer Anteil und des Obergrätenmuskels	Retroversion des Schultergelenks	Gleiche Grundposition wie Übung vorher, leichter Ausfallschritt, mit gestreckten Armen nach hinten und dabei Schulterblätter zur Wirbelsäule ziehen, Brustbein heben Hände in Innenrotation Hände in Außenrotation	je 2x8 Wdh. (dynamisch)	Stabiler Rumpf, Theraband immer unter Spannung halten
Kräftigung des Deltamuskels hinterer Anteil, des Obergrätenmuskels und des zweiköpfigen Armbeugers	Seitheben mit Theraband	Beide Beine steigen in die Mitte des Therabandes, Abduktion der Arme auf Schulterhöhe, Handrücken zeigt nach oben	3x8 Wdh. (dynamisch)	Theraband immer unter Spannung halten Teilnehmer mit Impingement-Syndrom sollten diese Übung nicht durchführen
Kräftigungsübung des Ober- und Untergrätenmuskels, des kleinen Rundmuskels und des Deltamuskels hinterer Anteil	Außenrotation mit Theraband	Theraband an den Außenenden so umgriffen, dass es unter Spannung steht (Möglichkeit der Streckung der Hände), Oberarme eng am Körper, 90° angewinkelter Unterarm im Ellbogen, Außenrotation der Arme	3x8 Wdh. (dynamisch)	Wird häufig im Rehatraining bei Impingement-Syndrom eingesetzt →zentriert den Gelenkkopf des Humerus in der Gelenkpfanne der Scapula und verspannt die Gelenkkapsel des Schultergelenks

Stabilisierung, Gleichgewicht und Verkettung der diagonal verlaufenden Muskelschlinge- und Bänder	Schulter- und Hüftheben im Vierfüßlerstand	Vierfüßlerstand Schulterheben (einzeln, internierend, dann gleichzeitig Hüftheben (einzeln, internierend, dann gleichzeitig) Kombination aus beidem diagonal	Je Seite und Übungsausführung 30 sec. (dynamisch)	Hände direkt unterhalb des Schultergelenks, Knie unterhalb des Hüftgelenks, Bauchnabel nach innen fixiert
Mobilsierung der gesamten Wirbelsäule	„Staubsauger"	Arme vor den Körper strecken, mit dem Ausatmen nach hinten über Rundrücken, beim Einatmen Flachrücken und tief nach vorne	30 sec. (dynamisch)	Eingezogener Unterbauch, Lendenwirbelsäule möglichst weit mit raus drücken
Kräftigung der Rückenmuskulatur	„Schwimmer"	Bauchlage, Arme und Beine gestreckt Linken Arm und rechtes Bein heben Rechten Arm und linkes Bein heben Schneller Wechsel	Je Seite und Übungsausführung 30 sec 1.statisch 2.statisch 3.dynamisch	Die HWS bleibt in Verlängerung der Wirbelsäule (Blick zum Boden)
Kräftigung der Rückenmuskulatur	Armkreisen	Arme im rechten Winkel seitlich des Kopfes Kleine bis große Kreise (beidseitig) große Schwimmbewegung	Je Richtung zwischen 30 sec. (dynamisch)	Beine leicht gegrätscht, Fußspitzen nach außen gedreht, HWS in Verlängerung der Wirbelsäule
Dehnung der langen Rückenstrecker	Dehnung der langen Rückenstrecker	Fersensitz, Streckung der Arme über den Kopf, Stirn ablegen, Steißbein aktiv nach unten drücken	2x8 Wdh. (statisch)	Unterarm als Stütze wenn ein Ablegen der Stirn nicht möglich ist →Entspannung des Nackens
Körperwahrnehmung, Vorbereitung für anschließende Bauchübungen	Beckenkippen	Rückenlage, Beine hüftgelenksbreit aufgestellt, auf Körpermitte und LWS konzentrieren, Nabel nach innen ziehen	30 sec. (statisch)	LWS dabei in den Boden drücken
Kräftigung der geraden, querverlaufenden und äußeren- und inneren schrägen Bauchmuskeln	Crunches gerade	Rückenlage, Beine angewinkelt und Füße aufgestellt, Hände vor dem Brustkorb verschränkt, Schultergürtel wird bis zur LWS	2x16 Wdh. (dynamisch)	Besonderer Schwerpunkt auf der Grundspannung in der Bauchmuskulatur durch aktiven Druck der Ferse gegen den Boden

		von der Unterlage aufgerollt und wieder zurück		Steigerung durch Veränderung des Drehmoments des Lastarmes: 1. Arme seitlich am Kopf 2. gestreckt über den Kopf in Verlängerung des Oberkörpers
Kräftigung der geraden, querverlaufenden und äußeren- und inneren schrägen Bauchmuskeln	Crunches schräg	Rückenlage, ein Bein angewinkelt, das andere liegt überschlagen auf dem anderen Bein, eine Hand seitlich am Kopf, die andere parallel zum Boden seitlich des Körpers, Schultergürtel, der dem überschlagenen Bein gegenüberliegenden Seite, rollt bis zur LWS diagonal von der Unterlage auf, Annäherung Schulter und überschlagenes Knie und zurück, beidseitig	2x16 Wdh. (dynamisch)	Besonderer Schwerpunkt auf der Grundspannung in der Bauchmuskulatur
Mobilisation der Rumpfrotatoren und Kräftigung des äußeren schrägen und querverlaufenden Bauchmuskels	Rotation des Beckens, beidbeinig	Rückenlage, Beine angewinkelt anheben und seitlich von rechts nach links führen	je Seite 1x15 Wdh. (dynamisch)	Fließende Bewegung, die immer größer wird Einatmung: Beine und Kopf in die entgegengesetzte Richtung kippen Ausatmung: Bauchnabel nach innen ziehen, Beine und Koch zur Mitte ausrichten
Kräftigung der geraden und schrägen Bauchmuskeln	„Fahrradfahren"	Rückenlage, Beine in Flexion anziehen, beugen und strecken aus der Stufenlagerung heraus, im Wechsel	1x15 sec. (dynamisch)	Steigerung für Fortgeschrittene: Beine gleichzeitig Beugen und Strecken
Mobilisation des Lendenwirbelbereichs, Dehnung der Rückenstrecker	Beckenschaukel	Rückenlage, Beine aufgestellt, Hüftgelenk gebeugt, mit Hilfe der Arme an den Oberkörper heranziehen,	1x30 sec. (dynamisch)	Steigerung; gleichzeitig kann der Schultergürtel leicht vom Boden abgehoben und den Knien angenähert werden

Zum Abschluss erfolgt nach dem Hauptteil der Schlussteil, bei dem die Herz-Kreislauftätigkeit in den Ausgangszustand zurück versetzt, die Körpertemperatur und der Puls gesenkt, die Muskulatur gelockert, gedehnt und entspannt wird (Reiß und Fikenzer, 2013, Studienbrief der Deutschen Hochschule für Prävention und Gesundheitsmanagement-Gruppentraining I, S.61) Da es sich bei der Wirbelsäulengymnastik um einen gesundheitsorientierten Kurs handelt wird an dieser Stelle kein Cool-Down 1 durchgeführt.

Tab. 12: Der Schlussteil (Cool-Down 2) der geplanten Wirbelsäulengymnastikstunde

Phase: Cool-Down 2 (10 Minuten)				
Ziel der Übung	Name der Übung	Übungs-beschreibung	Belastungsgefüge	Bermerkungen/Hinweise
Dehnung der äußeren und inneren schrägen Bauchmuskeln, Mobilisation der BWS	Dehnung der seitlichen Bauchmuskulatur	Rückenlage, Arme in V-Stellung, Beine angewinkelt, nacheinander zur Seite auf den Boden ablegen, beidseitig	Je Seite 2x30 sec. (passiv statisch)	Schultergürtel liegt permanent am Boden Steigerung: ein Bein auf dem Anderen abgelegt
Dehnung der zweiköpfigen Oberschenkelbeugers, des Halbsehnen- und Plattsehnenmuskels	Dehnung der Beinbeuger	Rückenlage, ein Bein angewinkelt, das andere mit beiden Händen an der Oberschenkelinnenseite fassen und maximal zum Oberkörper ziehen, Das angewinkelte Bein so weit wie möglich strecken	Je Seite 2x30 sec. (passiv statisch)	
Dehnung des zweiköpfigen Armbeugers und des großen Brustmuskels	Brustdehnung in Abduktion des gestreckten Armes	Vierfüßlerstand, linken Arm beugen und Schulter zum Boden, rechten Arm zur Seite ausstrecken und vom Körper wegschieben, kurz halten, Seite wechseln	Je Seite 2x30 sec. (passiv statisch)	Steigerung: Kopf in die Gegenrichtung drehen
Dehnung der Brust- und LWS	Dehnung der Brust- und LWS	Fersensitz, mit den Händen vor, Becken zurückschieben, Brustbein nach unten drücken, Kopf zu den gestreckten	2x30 sec. (passiv statisch)	

		Armen in Verlän-gerung zur BWS, kurz halten		

Nach dem Cool-Down erfolgt ein kontrolliertes Aufstehen. Dabei kommen die Teilnehmer erst in den Unterschenkelstand, stellen ein Bein auf, stützen sich mit beiden Händen ab und richten sich Wirbel für Wirbel auf. Nach der Verabschiedung ist die Kursstunde beendet.

2.6 Planung und Durchführung einer Wirbelsäulengymnastik

Bei der Planung einer Wirbelsäulengymnastikstunde ist festzuhalten, dass viele Dinge beachtet und berücksichtigt werden müssen. Der Trainer sollte die Gruppe beim Erlernen der Übung und bei der Bewegungsausführung durch begleitende Erklärung führen, damit jeder Teilnehmer mitkommen und die Übung korrekt ausführen kann. In erster Linie ist dabei auf eine richtige Ausführung zu achten, um eine Überstreckung der Gelenke zu vermeiden.

Bei der Wirbelsäulengymnastik ist besonders auf eine aufrechte Haltung (Wirbelsäule in physiologischer Doppel-S-Form) und ein stabiler Rücken zu achten, da Trainingsbeginner häufig zu wenig Körperspannung haben und die Position verlassen. Ein Schwerpunkt liegt dabei auch auf einer gleichmäßigen Atmung, indem bei der Anstrengung ausgeatmet und bei der Entspannung eingeatmet wird (Reiß und Fikenzer, 2013, Studienbrief der Deutschen Hochschule für Prävention und Gesundheitsmanagement-Gruppentraining I, S. 106ff). Des Weiteren ist es wichtig, dass die Übungen „Vom Leichten zum Schweren", „Vom Einfachen zum Komplexen" und „Vom Bekannten zum Unbekannten" aufgebaut werden (Studienbrief der Deutschen Hochschule für Prävention und Gesundheitsmanagement-Gruppentraining 1, S. 59).

Hinzuzufügen ist, dass das Belastungsgefüge eigentlich nicht nach einer konkreten Vorgabe geplant, sondern die Übungen in 2-3 Sätzen bis zur individuellen Ermüdung der jeweils trainierten Muskelgruppe- bzw. kette, d.h. nach der entsprechenden Leistungsfähigkeit der Teilnehmer, durchgeführt wird. Das angegebene Belastungsgefüge ist demnach als Richtwert zu verstehen.

3 Literaturverzeichnis

- Reiß, M. Fikenzer, S. (2013). Studienbrief der Deutschen Hochschule für Prävention und Gesundheitsmanagement-Gruppentraining I.rev.09.009.000.

4 Tabellenverzeichnis

BEI GRIN MACHT SICH IHR WISSEN BEZAHLT

- Wir veröffentlichen Ihre Hausarbeit, Bachelor- und Masterarbeit

- Ihr eigenes eBook und Buch - weltweit in allen wichtigen Shops

- Verdienen Sie an jedem Verkauf

Jetzt bei www.GRIN.com hochladen und kostenlos publizieren